Der Arena LeseStier
Sachgeschichten für Erstleser

Rainer Crummenerl,
geboren 1942, studierte einige Semester Wirtschaftswissenschaft
und machte dann eine Ausbildung zum Journalisten.
Er arbeitete bei verschiedenen Zeitungen.
Seit 1980 schreibt Rainer Crummenerl als freier Autor für Kinder und Erwachsene.

Im Arena Verlag ist vom ihm bereits erschienen:
»Das große Arena-Buch der Indianer«
»Das will ich wissen: Die Polizei«

Peter Reinstorf,
1961 geboren, schloss sein Illustrationsstudium an der Fachhochschule Hamburg ab
und arbeitet seitdem als freischaffender Künstler und Illustrator.

Rainer Crummenerl

Das will ich wissen
Die Eisenbahn

Mit Bildern von
Peter Reinstorf

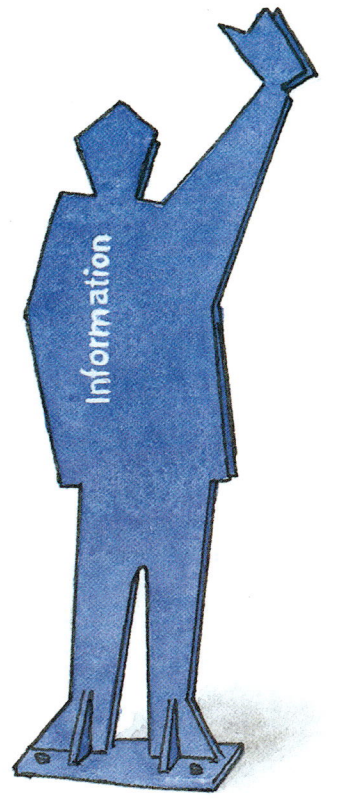

1. Auflage 1998
© Arena Verlag GmbH, Würzburg 1998
Alle Rechte vorbehalten
Einband und Illustrationen: Peter Reinstorf
Reihengestaltung: Bernhard Hartlieb
Gesamtherstellung: Westermann Druck Zwickau GmbH
ISBN 3-401-04561-X

Inhalt

Laura verreist

»Und pass schön auf!«, sagt die Mutter.
Laura steht am Fenster des Zugabteils.
»Und grüß Oma!«, ruft die Mutter noch.
Dann fährt der Zug schaukelnd an.
Erschrocken hält sich Laura fest.
Sie ist noch nie allein
mit der Eisenbahn gefahren.
Laura holt ihren Teddy
aus dem Rucksack.
Nun sind sie wenigstens schon zu zweit.
Die letzten Häuser der Stadt
gleiten vorbei.

Im Lautsprecher über der Tür knackt es.

»Wir begrüßen

die zugestiegenen Fahrgäste

im Intercity von Leipzig nach Hannover

und wünschen eine angenehme Fahrt«,

sagt eine Männerstimme.

Laura guckt sich im Abteil um.

Über dem Fenster zum Gang

sitzt ein roter Griff.

Neugierig reckt sie sich hoch.

»Das ist die Notbremse«,

sagt da ein Mann.

»Man darf sie nur bei Gefahr benutzen.«

7

Leise ist der Zugbegleiter,
Herr Meier, hereingekommen.
Mutti hat vorhin mit ihm gesprochen.
»Wenn du willst,
zeige ich dir nachher unseren Zug.
Aber jetzt möchte ich erst einmal
die Fahrkarten kontrollieren –
deine auch!«
Herr Meier wirft einen kurzen Blick
auf Lauras Fahrkarte.
Dann knipst er sie mit seiner Zange.
»In einer halben Stunde
bin ich wieder hier.«
Laura kuschelt sich in ihren Sitz und
blickt aus dem Fenster.

Bald kommt Herr Meier zurück.

»Los geht's«, sagt er.

»Zuerst zeige ich dir

unseren Lokomotivführer.«

Sie treten auf den Gang.

Immer wieder muss

Laura sich festhalten.

Wie schwer ist es doch,

im Zug geradeaus zu gehen!

»Da sind wir«, sagt Herr Meier

im nächsten Wagen.

An der Seite hängen Fahrräder.

Vorn blitzt eine Glastür.

Dahinter sitzt ein Mann.
Laura drückt sich ihre Nase
an der Scheibe platt.
Verwundert sieht sie
die Schienen auf sich zurasen.
Sind sie jetzt
in der Lokomotive gelandet?
»Nein«, sagt Herr Meier.
»Das ist unser Steuerwagen.
Er erleichtert uns
in manchen Bahnhöfen das Wenden.
Die Lokomotive ist jetzt hinten.
Aber der Lokomotivführer sitzt hier.
Schau dir nur alles in Ruhe an!
In ein paar Minuten bin ich zurück.«
Viel zu früh holt er Laura ab.
»Vielleicht werde ich später
mal Lokomotivführerin«,
sagt Laura.
Herr Meier lacht.

»Als ich ein kleiner Junge war,
wollte ich auch Lokomotivführer werden.
Daraus ist leider nichts geworden.
Aber meine Arbeit
macht mir auch viel Spaß.«
»Was muss ein Zugbegleiter
denn den ganzen Tag machen?«,
fragt Laura Herrn Meier.
»Zugbegleiter kontrollieren
die Fahrkarten und passen auf,
dass während der Reise
im Zug alles richtig läuft«,
erklärt Herr Meier.

»Möchtest du vielleicht eine Cola?«,
fragt er Laura.
»Wenn du willst, lade ich dich
in den Speisewagen ein.«
Herr Meier öffnet eine Tür.
Donnerwetter, mitten im Zug gibt es
ein richtiges Restaurant
mit gedeckten Tischen und
einem kleinen Stehcafé!

Herr Meier holt eine Cola für Laura.
Bei fast 160 Stundenkilometern
schmeckt ihr die
mindestens doppelt so gut wie sonst.

Herr Meier sieht auf seine Uhr.
»In zwanzig Minuten musst
du aussteigen.«
»Schon?«, fragt Laura enttäuscht.
Als der Zug in Hannover ankommt,
hilft Herr Meier Laura beim Aussteigen.
Sie winkt ihm zum Abschied.
Dann läuft sie ihrer Oma entgegen.
»Da bist du ja endlich!«,
ruft die Oma und breitet ihre Arme aus.
»Wieso?«, fragt Laura.
»Sonst brauchen wir doch viel länger!«
»Natürlich«, gibt die Oma zu.
»Mit dem Auto steht ihr ja
auch meistens im Stau.«

Auf dem Bahnhof

Auf dem Bahnhof ist immer etwas los.
Züge kommen an und fahren ab.
Menschen quirlen durcheinander.
Lautsprecher hallen,
Elektrokarren kurven lautlos.
Gepäck wird ein- und ausgeladen.
Eisenbahner überprüfen die Bremsen
und schauen nach den Türen der Wagen.

11

BLUMEN

12 REISEZENTR

Wartesaal WC **15**

13 **14** **16**

Abfahrt Richtung Gleis

1 Güterzug
2 Intercityexpress
3 Intercity
4 Rangierlok
5 Gleisanzeigetafel
6 Fahrplan
7 Rangierer
8 Kiosk
9 Gleisaufsicht

10 Bahnsteig
11 Ein- und Ausgang
12 Reisezentrum
13 Anzeigetafel
14 Wartesaal
15 Toiletten
16 Schließfächer

Geschäftig geht es auch
im Empfangsgebäude zu.
Fahrkarten und Reiseinformationen
gibt es hier.
Freundliche Reiseberater holen sie
aus ihren Computern.
Auch einkaufen kann man,
essen gehen,
Reisen in ferne Länder buchen,
sich die Haare schneiden lassen oder
einen Film anschauen.

Kopfbahnhof und Durchgangsbahnhof

In großen Städten erkennt man
das Empfangsgebäude
des Bahnhofs schon von weitem.
Oft ähnelt es einem Palast.
Es gibt zwei unterschiedliche Formen
von Bahnhöfen:
Kopfbahnhöfe und Durchgangsbahnhöfe.

An einem Kopfbahnhof
enden alle Strecken.
Jeder ankommende Zug
muss zur Weiterfahrt wenden.

Dabei übernimmt häufig
eine neue Lokomotive die Wagen.
Deshalb ist der Kopfbahnhof umständlicher
als der Durchgangsbahnhof.

Denn beim Durchgangsbahnhof
führen die Gleise
auf der einen Seite hinein und
auf der anderen wieder heraus.

Das Stellwerk

Der Zug aus Neustadt braust
über die Strecke.
Felder und Wiesen fliegen vorbei.
Der Lokomotivführer
schaut auf seine Uhr.
Noch acht Minuten
bis zur Einfahrt in Altstadt.
Schon liegt
das Bahnhofsgelände vor ihm.
Gleich wird der Zug
die erste Weiche erreichen.
Dann ist seine schnurgerade Fahrstraße
erst einmal zu Ende.

Was macht der Lokomotivführer jetzt?
Fährt er geradeaus weiter?
Oder biegt er auf ein anderes Gleis ein?
Aber er macht gar nichts.
Seine Lokomotive hat
kein Lenkrad wie ein Auto.
Sie fährt ja auf Schienen.
Nein, der Zug wird
vom Stellwerk im Bahnhof aus
über Weichen geleitet.

Stellwerke sind

die Kommandozentralen der Bahnhöfe.

Weit kann der Fahrdienstleiter

aus den großen Fenstern des Stellwerks

über die Gleise schauen.

Drinnen stehen Steuerpulte

mit vielen Tasten, Schaltern

und Lämpchen.

Früher wurden die Weichen und Signale direkt

am Gleis gestellt.

Heute sitzt der Fahrdienstleiter

im Stellwerk vor einer Stelltafel.

Die zeigt alle Gleisanlagen

des Bahnhofs.

Da blinkt eine
der anschließenden Strecken rot auf.
Aha, der Zug aus Neustadt kommt!
Er soll auf Gleis 8 einfahren.
Der Fahrdienstleiter drückt
zwei Tasten gleichzeitig.
Auf der einen steht »Neustadt«,
auf der anderen »Gleis 8«.
Automatisch stellen sich
nun die Weichen.
Die Signale wechseln von »Rot« (Halt) zu
»Grün« (Freie Fahrt).
Langsam fährt der Zug in Altstadt ein.

Der Lokomotivführer

Olaf hat einen schönen Beruf.
Olaf ist Lokomotivführer.
Heute fährt er einen Intercity
von Berlin nach München.
Bis zur Abfahrt sind es
noch 30 Minuten.
Olaf sitzt bereits an seinem Platz
im Führerstand.
Das Zugfunkgerät ist eingeschaltet.
Es verbindet ihn mit seiner Dienststelle. Vor
ihm klemmt der Streckenplan
mit den Fahrzeiten und Geschwindigkeiten.
So weiß Olaf,
wo er um welche Zeit sein muss.

Zuerst löst Olaf die Handbremse.
Dann lässt er den Stromabnehmer
zur Fahrleitung
über den Gleisen hochsteigen.
Die meisten Züge fahren
heute mit Strom.
Gleich wird Olaf die Lokomotive
vor den Zug spannen.
Vorsichtig fährt er
an die Wagen heran.
Behutsam bremst er ab.
»Plop«, macht es,
als die Puffer zusammenstoßen.
Olaf stoppt die Lokomotive.

Der Rangierer hängt
die Kupplungshaken ein.
Dann steckt er die Kabel
für Strom und Druckluft an.
Nun müssen die Bremsen
geprüft werden.
Endlich kann es losgehen.
Das Abfahrsignal schaltet
auf »Ausfahrt frei«.
Der Zugbegleiter pfeift.
Olaf schaut noch einmal,
ob alle Wagentüren geschlossen sind.
Dann fährt er den Zug an.

Endlich sind
die Weichen und Kreuzungen
der Bahnhofsausfahrt erreicht.
Das Rütteln und Schütteln ist zu Ende.
Olaf beschleunigt auf
die vorgeschriebene Geschwindgkeit.
Unterwegs achtet er
auf alle Signale.
Sie zeigen ihm an,
ob er den folgenden Streckenabschnitt
befahren darf oder nicht.
Steht ein Signal auf »Halt« und
er fährt trotzdem weiter,
wird der Zug automatisch abgebremst.
Das ist sehr wichtig.
Denn Olaf sitzt ganz allein
in der Lokomotive.

Schon vom ersten Meter der Fahrt an
muss er bestätigen,
dass es ihm gut geht.
Dazu drückt er alle 30 Sekunden
die »Wachsamkeitstaste«.
Vergisst er das,
ertönt ein Warnsignal.
Reagiert er auch dann nicht,
wird der Zug angehalten.
Doch so etwas hat Olaf noch nie erlebt.
Aufmerksam beobachtet er
die Instrumente.
Vielleicht wird er schon bald
den schnellen ICE fahren.
Dann werden ihm Computer
die meiste Arbeit abnehmen.
Die »Wachsamkeitstaste« wird er
aber nach wie vor drücken müssen.

Reisezüge

1 Der Intercityexpress 2 (ICE 2) ist der modernste Fernreisezug der Deutschen Bahn.

2 Der Intercity IC 2000 der Schweizerischen Eisenbahnen ist doppelstöckig.

3 Der Dieseltriebzug VT 611 der Deutschen Bahn kann sich wie ein Motorradfahrer in die Kurve legen.

4 Der österreichische City-Shuttle wurde für den Nahverkehr gebaut.

5 Der Doppelstock-Schienenbus der Deutschen Bahn wurde ebenfalls für den Nahverkehr gebaut.

Auf dem Güterbahnhof

Die Eisenbahn befördert
nicht nur Personen.
Auf vielen Strecken verkehren
auch Güterzüge.
Güterbahnhöfe erkennt man
an ihren Lagerhallen.
Wendige Gabelstapler
bringen Kisten, Fässer
und andere Frachten zu den Waggons.

Frachten können unterwegs
nicht umsteigen.
Sie müssen meist im selben Wagen
bis an ihr Ziel rollen.
Was aber, wenn die Waggons
eines Güterzuges
unterschiedliche Zielbahnhöfe haben?
Dann müssen sie
an andere Züge angehängt werden.
Dafür gibt es besondere Gleisanlagen:
die Rangierbahnhöfe.

Der Rangierbahnhof

Auf dem Rangierbahnhof
werden zuerst die Ziele
aller Waggons notiert.
Dann schiebt eine Lokomotive
eine Wagenreihe langsam
einen kleinen Berg nach oben.
Dieser Berg ist künstlich,
das heißt, er wurde extra
für diesen Zweck gebaut.
Man nennt ihn den »Eselsrücken«.
Auf der andere Seite des Hangs
rollen die Wagen
einzeln oder in Gruppen wieder hinab.
Dort befinden sich viele Weichen.
Die werden immer wieder
anders gestellt.
So gelangen die Wagen
auf unterschiedliche Gleise.

Es gibt viele Güterwagen
für verschiedene Zwecke.
Gedeckte Wagen schützen
die Güter vor Nässe.
Für leicht verderbliche Lebensmittel
gibt es Kühlwagen.
Kesselwagen befördern
Flüssigkeiten und Gase.
Auf Flachwagen werden
Container, Baumstämme,
Rohre und Schienen transportiert.

Die Geschichte der Eisenbahn

Der 27. September 1825 war
ein schöner Herbsttag.
Die Kirchenglocken läuteten
und Kanonen schossen in die Luft.
»Hurra«, schrien Tausende
von Menschen.
Sie hatten gerade die Einweihung
der ersten öffentlichen Dampfeisenbahn
der Welt miterlebt.
Sie verband die englischen Städte
Stockton und Darlington.

Die Idee der Eisenbahn ist
aber noch viel älter!
Schienen kannte man schon
vor 2000 Jahren.

Es waren in Stein gehauene Spurrinnen. In
ihnen konnten die Wagenräder
besser rollen.
Später kamen hölzerne Schienen auf.
Man verlegte sie in Bergwerken.
Leichter als je zuvor liefen
die Grubenwagen duch die Stollen.
Doch die Holzschienen
nutzten sich schnell ab.
Eiserne Schienen hielten viel länger.
Nach und nach wurden sie
auch über Tage verwendet.

Pferde zogen
die ersten eisernen Bahnen.
Pferdeeisenbahnen gab es bald
in etlichen Ländern.
Die Wagen ähnelten Postkutschen.
Sie hatten Platz
für zwölf Personen.
Doch die Zugkraft der Pferde
war begrenzt.
Gab es keine »eisernen Pferde«
für die eiserne Bahn?
1804 hatte der Engländer Trevithick
eine großartige Idee.
Er baute einen Dampfwagen
und stellte ihn auf Schienen.

Die erste Lokomotive der Welt
war erfunden.
Fünf Wagen mit Fracht und Fahrgästen
schleppte sie.
Aber immer wieder brachen
die gusseisernen Schienen.
Seine nächste Lokomotive führte Trevithick
auf einer Kreisbahn vor.
Als abermals die Schienen brachen,
gab er enttäuscht auf.

Auch andere Konstrukteure
bauten Lokomotiven.
Die besten gelangen
dem englischen Ingenieur
George Stephenson.
Berühmt wurde er mit seiner »Rocket«.
Diese »Rakete« siegte später
in einer Wettfahrt.

Das lang ersehnte
schnelle und ausdauernde
»eiserne Pferd« war gefunden.

Aber es war noch ein langer Weg
bis zu den pfeilschnellen Zügen,
die es heute gibt.
Einer der schnellsten ist
der französische TGV.
Mit 300 Stundenkilometern
eilt er von Paris bis an die Atlantikküste.

Ratespiel:
Berufe bei der Bahn

Viele Menschen arbeiten
bei der Eisenbahn.
Findet heraus,
welche Beschreibung
zu welcher Abbildung gehört!

1. Sie sucht mit ihrem Computer die besten
Reisewege und druckt die Fahrkarten aus.

2. Er steht am Zugende und winkt mit
Handzeichen die Lokomotive heran.

A   B

3. Wenn er pfeift, setzt sich der Zug in Bewegung.

4. Er sitzt an einem Pult und schaltet die Weichen für die Züge.

5. Wenn er vergisst die »Wachsamkeitstaste« zu drücken, bleibt der Zug stehen.

C   D

E

Lösung

1. D: Die Reiseberaterin
2. B: Der Rangierer
3. A: Der Zugbegleiter
4. C: Der Fahrdienstleiter im Stellwerk
5. E: Der Lokomotivführer